Inhalt

Strukturwandel - Nicht nur die neuen Regeln der GVO verändern den Automobilhandel

Kernthesen

Beitrag

Fallbeispiele

Zahlen und Fakten

Weiterführende Literatur

Impressum

Strukturwandel - Nicht nur die neuen Regeln der GVO verändern den Automobilhandel

Autor GENIOS BranchenWissen: T.Eismann

Kernthesen

- Die Niederlassungsfreiheit, die durch die Reform der GVO (Gruppenfreistellungsverordnung) geschaffen wurde, bietet den Händler neue Chancen mit geeigneten Partnern europaweit ein Absatznetz aufzubauen. (3), (4)
- Der deutsche Automobilhandel befindet sich in der Phase eines starken Strukturwandels, der ein Überleben nur für professionell ausgerichtete Händler zulässt.

(3)
- Professionelles Gebrauchtwagenmanagement und stringente After Sales-Strategien sind essenzielle Erfolgsfaktoren um zu überleben. (7)

Beitrag

Der deutsche Automobilhandel ist derzeit in einer Phase strukturellen Wandels, nicht nur durch die neuen Regeln der Gruppenfreistellungsverordnung (GVO) zur Niederlassungsfreiheit. Die Zahl der Automobilhändler wird wohl weiter drastisch von 10 500 Händlern in 2005 auf ca. 8 000 im Jahr 2010 sinken. Werden mittelfristig nur noch große Händlerkonglomerate den Markenhandel beherrschen? (1)

Händlerstruktur in Deutschland

In Deutschland ist die Zahl der rechtlich selbständigen Händler seit 2000 auf 10 500 von 18 000 gesunken. Die Zahl der Händlergruppen ist gleichzeitig weiter deutlich auf 1 800 von 1 100 gestiegen. (1) [Abb.1], [Abb.2]

Auch in Zukunft wird erwartet, dass die Zahl der Händler insgesamt zurückgehen wird, jedoch einzelne Autohandelsgruppe immer größer werden und den Markt beherrschen. Große Autohandelsgruppen vermarkten mittlerweile rund 50% der Neufahrzeuge. Daneben sind selbstverständlich auch die Hersteller mit ihren eigenen Vermarktungsfilialen (z.B. Niederlassungen von Mercedes-Benz, BMW) eine ernsthafte Konkurrenz für die "kleinen" Vertragshändler.

Als weiterer Grund für den Rückgang der Automobilhändler ist die allgemein schwierige Branchenkonjunktur zu nennen. Die Profitabilität der Händler ist seit Jahren mit einem Umsatzrenditedurchschnitt von 0,5% sehr niedrig. (7)

Chancen und Risiken durch die neuen Regeln der GVO

Die neuen Regeln der Gruppenfreistellungsverordnung (GVO) zur Niederlassungsfreiheit, die für ganz Europa gültig ist, machen es vor allem den großen Autohandelsgruppen in Zukunft leichter Marktanteile über eine expansive Standortpolitik zu erobern. Damit werden sie kapitalschwache Vertragshändler verdrängen. Diese Economies-of-Scale-Effekte werden sich nach dem Gültigwerden der neuen Regeln GVO ab 1.10.2005 verstärken und vermutlich zu weiteren Insolvenzen im deutschen Automobilmarkt führen. (2), (3)

Der Händler, der keine kapitalintensive Standortpolitik betreiben kann, muss sich auf das Eindringen anderer Wettbewerber vorbereiten: d.h. er muss seinen regionalen Markt so stark bearbeiten, dass Wettbewerber nicht eindringen können.

Kooperationsstrategien zwischen Händlern einer oder unterschiedlicher Marken v.a. im Gebrauchtwagenbereich werden zunehmend wichtige Erfolgsfaktoren für den Weiterbestand des eigenen Handelsbetriebs. Nicht nur die Megahändler profitieren dann von der GVO, sondern auch kleine und mittelgroße Unternehmen können sich positionieren: Ist die Eröffnung eines eigenen Standorts zu kostenintensiv, so kann eine Kooperation mit einem Branchenkollegen eine Win-Win-Situation ergeben. Eine Vertriebsgemeinschaft bzw. Vertriebsgesellschaft ist ein partnerschaftliches Modell mit Zukunft: Bei diesem Modell geben die beiden Partner ihre Selbständigkeit im Neuwagenbereich ganz oder weitgehend auf. Im Service- und Gebrauchtwagenbereich können sich die

Partner dann wieder auf ihre eigenen Stärken konzentrieren. (3), (4)

Insolvenz und Automobilhandel

Jedes 3. Autohaus in Deutschland musste innerhalb der letzten drei Jahre Restrukturierungsmaßnahmen ergreifen, wobei nur die Hälfte der Sanierungsversuche zum Erfolg führte. (6) Die Umsatzrendite der Vertragshändler liegt im Durchschnitt bei unter 1%. Das sind erschreckende Eckdaten für eine Branche, in der die Hersteller noch "satte" Gewinne erzielen. (1), (6) [Abb.3]

Doch ein grundsätzliches Thema der meisten Sanierungsfälle ist, dass die negativen Zeichen zu spät wahr genommen wurden. Jeder zweite Kfz-Betrieb erkennt die Krise nicht. Die Hauptgründe für die hohe Zahl der Insolvenzen im Autohandel sind:
- Managementfehler wie zu langsames Reagieren auf Marktveränderungen.
- Dies führt zu Problemen im Fahrzeugvertrieb (Neu- und Gebrauchtwagenverkauf) und einem
- Rückgang der Erträge im Teile- und Servicebereich, was wiederum
- zu einem Ungleichgewicht bei Erlös- und Liquiditätssituation führt. (6)

Ein Weg um erfolgreich aus der Krise zu kommen ist konsequent Kostensenkungsmaßnahmen zu ergreifen, hier v.a. im Personal- und Sachkostenbereich. (6) Darüberhinaus muss über ein radikales Umdenken nachgedacht werden.

Wandel also dringend nötig

Die Regeln der GVO bieten durchaus neue Chancen und Ansatzpunkte. Expansion und Kooperation können neue Märkte öffnen und auch die Hinzunahme neuer Marken kann das eigene Portfolio ergänzen und den Kundenkreis erweitern. Kannibalisierungseffekte im Mehrmarkenbetrieb sind meist vernachlässigbar.

Der Auslöser für die Hinzunahme anderer Marken kann durchaus auch die steigende Qualität der Fahrzeuge sein. Dann wenn die Werkstatt zu wenig ausgelastet ist und die Stückzahlen sinken. Durch neue Marken können oft Arbeitsplätze erhalten werden. Allerdings muss man im Service dann auch die Herstellervorgaben erfüllen. (9)

Ein entscheidender Erfolgsfaktor ist nach wie vor, wie sich die Händler an der Front, insbesondere auch über ihre Verkäufer, verhalten. Wer dem Kunden keine anderen Nutzenfaktoren als den Preis bieten kann, wird über den Preis verkaufen müssen. Einige Hersteller unterstützen hier durch Maßnahmen zur Händlerqualifizierung, aber auch beispielsweise durch attraktive Angebote in Sachen zusätzliche Finanzdienstleistungen. (9)

Zudem sind professionelles Gebrauchtwagenmanagement und stringente After Sales-Strategien essenzielle Erfolgsfaktoren um zu überleben. Gut 70 Prozent der Autohauserträge liefert inzwischen das After-Sales-Geschäft. Hier kommt es auf die Verkäufer an. Sie müssen schon im Neuwagenbereich lernen, auch Zusatzprodukte zu verkaufen. (7), (8), (9)

Fazit

Zusammenfassend steht fest, dass sich die deutsche Automobilhandelsbranche in einem andauernden strukturellen Wandel befindet. Dieser wird durch die neuen Regelungen der GVO weiter beschleunigt. Kapitalstarke Autohandelsgruppen werden eindeutig Gewinner dieser Entwicklung sein, doch auch die kleinen Autohändler können weiter bestehen, wenn sie sich auf sinnvolle Kooperationen einlassen und ein konsequentes Autohausmanagement implementieren, bei dem auch das Kundenbeziehungsmanagement eine zentrale Bedeutung hat.

Fallbeispiele

Die AVAG Holding AG - ein Beispiel für eine erfolgreich expandierende Autohandelsgruppe

Die AVAG Holding ist ein international operierender Opel-Automobilhändler, der konsequent die Chancen der neuen GVO-Regelung ausschöpft. Die AVAG Holding AG ist eine der führenden Management- und Beteiligungsgesellschaften im europäischen Automobilhandel. Mit 32 Handelspartnern und 81 Standorten im In- und Ausland ist AVAG der größte Opel-Händler in Europa. Die 3 Kernziele sind:
- Profitables Wachstum im Gebrauchtwagen- und Neuwagenbereich durch strategische Erweiterungen und Akquisitionen,
- Ausbau des Servicesektors durch intensives Service-

Marketing und Kundenbindungsprogramme,
- Stärkung der Kundenbindung an Autohaus und Marke durch zielgruppenorientierte Events. (5)

Das Unternehmen hat eine Kernzielgruppe von Kunden mit einem monatlichen Haushalts-Nettoeinkommen bis maximal 2 500 EUR. Ab 1.10.2005 (Neue GVO-Regeln werden dann gültig) wird das Unternehmen dann konsequent die GVO-Neuregelung nutzen und ein profitables Wertschöpfungsnetzwerk unter Berücksichtigung der regionalen Nachfrageunterschiede aufbauen.

Ein Peugeot-Händler in der Insolvenzfalle

Die Zahl der Firmeninsolvenzen ist in jüngster Zeit auch im Automobilhandel deutlich gestiegen. Durch eine Händlernetzumstrukturierung des Peugeot-Importeurs ist auch ein Peugeot-Händler in die Krise geraten. Verkaufsgebiete wurden zusammengelegt und neue Investitionen von 150 000 EUR notwendig um den Händlervertrag behalten zu können. Die hohen Vorgaben des Herstellers erreichte der Betrieb nicht. Damit blieben hohe Bonuszahlungen von Peugeot aus.

Der Kontokorrentkredit der Peugeot-Bank

verursachte ebenfalls hohe Kosten und zum Schluss verlor das Unternehmen an jedem Autoverkauf bares Geld, da man die Liquidität um jeden Preis sicherstellen musste. Sanierungsversuche scheiterten. Nun wird lediglich ein Servicebetrieb aufrecht erhalten. (6), (7)

Händlerzufriedenheit getrübt

Der MarkenMonitor für das Jahr 2005 weist in der Zufriedenheit der Kfz-Händler mit der Umsatzrendite mit 3,66 einen neuen Tiefststand. aus Als die interessantesten Marken was die Händlerzufriedenheit angeht, erweisen sich Toyota, Subaru, BMW und Suzuki. (10)

Zahlen & Fakten

Die Automobilhandelsstruktur in Deutschland (1)

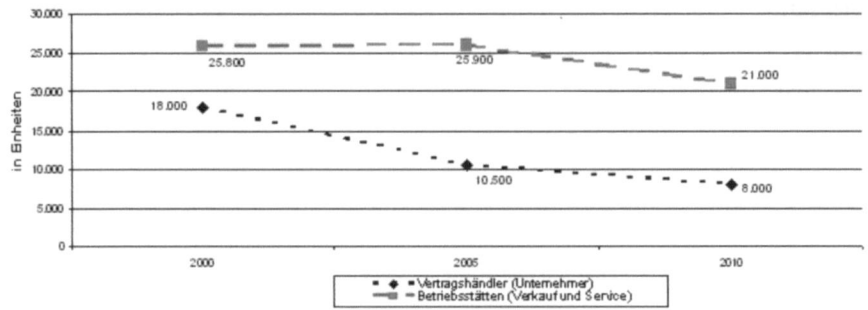

Quelle: Institut für Automobilwirtschaft (IFA)

Entnommen aus: kfz-betrieb Nr. 37, 15.09.2005, S. 17

Händlerstruktur nach Betriebsstätten im Jahr 2004 (1)

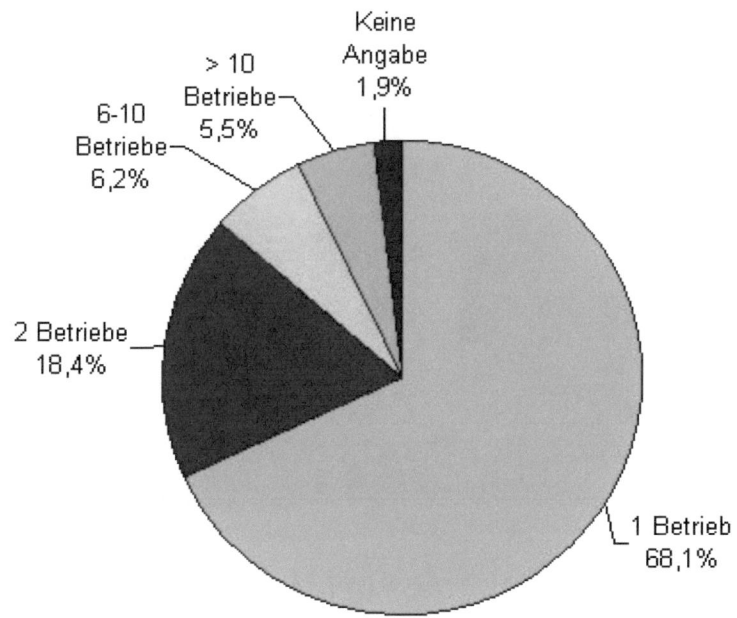

Quelle: Institut für Automobilwirtschaft (IFA)

Entnommen aus: kfz-betrieb Nr. 37, 15.09.2005, S. 17

Quote der Sanierungsfälle und
Insolvenzwahrscheinlichkeit (7)

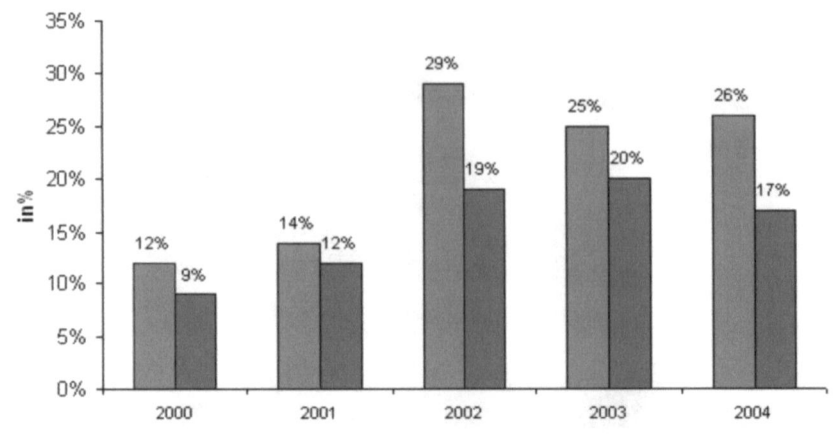

Quelle: DEKRA Consulting GmbH

Entnommen aus: Kfz-Betrieb, Nr. 32, 11.08.2005, S. 10

Weiterführende Literatur

(1) Forschungsbericht Zahl der Händler sinkt weiter - IFA hat Konzentrationsprozess im deutschen Automobilhandel untersucht
aus kfz-betrieb Nr. 37 vom 15.09.2005 Seite 017

(2) GVO-Spezial "Niederlassungsfreiheit" "Zukunft hat, wer sie gestaltet!" - Ein Schlusswort von ZDK-Präsident Rolf Leuchtenberger zur "neuen Freiheit"

aus kfz-betrieb Nr. 24 vom 16.06.2005 Seite 083

(3) GVO-Spezial "Niederlassungsfreiheit" Aktiv auf die Zukunft vorbereiten - Für den Handel ist es von großer Bedeutung, sich auf die zukünftige Situation einzustellen
aus kfz-betrieb Nr. 24 vom 16.06.2005 Seite 072

(4) GVO-Spezial "Niederlassungsfreiheit" Nicht nur Platz für Megahändler - Neue Kooperationsmodelle bieten allen Händlern individuelle Chancen
aus kfz-betrieb Nr. 24 vom 16.06.2005 Seite 055

(5) Die großen Handelsgruppen, Teil 1: AVAG Holding AG Meister seiner Klasse - Bei Europas größtem Opel-Händler stehen die Zeichen auf Expansion
aus kfz-betrieb Nr. 20 vom 19.05.2005 Seite 012

(6) Unternehmenskrise Zukunft ungewiss - Ex-Peugeot-Händler Markus Geiss schildert, wie sein Betrieb in die Insolvenzfalle geriet
aus kfz-betrieb Nr. 32 vom 11.08.2005 Seite 014

(7) Sanierung im Automobilhandel Schnell raus aus der Krise! - Dekra-Studie zeigt, wie sich Betriebe erfolgreich restrukturieren
aus kfz-betrieb Nr. 32 vom 11.08.2005 Seite 010

(8) Servicehandbuch
aus AUTOHAUS, Heft 18/2005, S. 86

(9) Jetzt red' i!
aus AUTOHAUS, Heft 18/2005, S. 38-41

(10) MarkenMonitor / Die Händlerzufriedenheit ist weiter zurückgegangen Günstlinge und Ungünstlinge aus auto&technik, Heft 7-8/2005, S. 52-53

Impressum

Strukturwandel - Nicht nur die neuen Regeln der GVO verändern den Automobilhandel

Bibliografische Information der deutschen Nationalbibliothek

Die Deutsche Nationalbibliothek verzeichnet diese Publikation in der deutschen Nationalbibliografie; detaillierte bibliografische Daten sind im Internet über http://dnb.d-nb.de abrufbar.

ISBN: 978-3-7379-1962-3

© 2015 GBI-Genios Deutsche Wirtschaftsdatenbank GmbH, Freischützstraße 96, 81927 München, www.genios.de

Alle Rechte vorbehalten. Dieses Werk ist einschließlich aller seiner Teile – z.B. Texte, Tabellen und Grafiken - urheberrechtlich geschützt. Jede Verwertung außerhalb der Grenzen des Urheberrechtsgesetzes bedarf der vorherigen Zustimmung des Verlags. Dies gilt insbesondere auch für auszugsweise Nachdrucke, fotomechanische

Vervielfältigungen (Fotokopie/Mikroskopie), Übersetzungen, Auswertungen durch Datenbanken oder ähnliche Einrichtungen und die Einspeicherung und Verarbeitung in elektronischen Systemen.